Chauve-Souris

Le Guide Essentiel Consacré à Cet Animal Extraordinaire avec des Photos Étonnantes

Copyright © 2023

Tous droits réservés

Sources Image Shutterstock.com

Que sont les chauves-souris ?

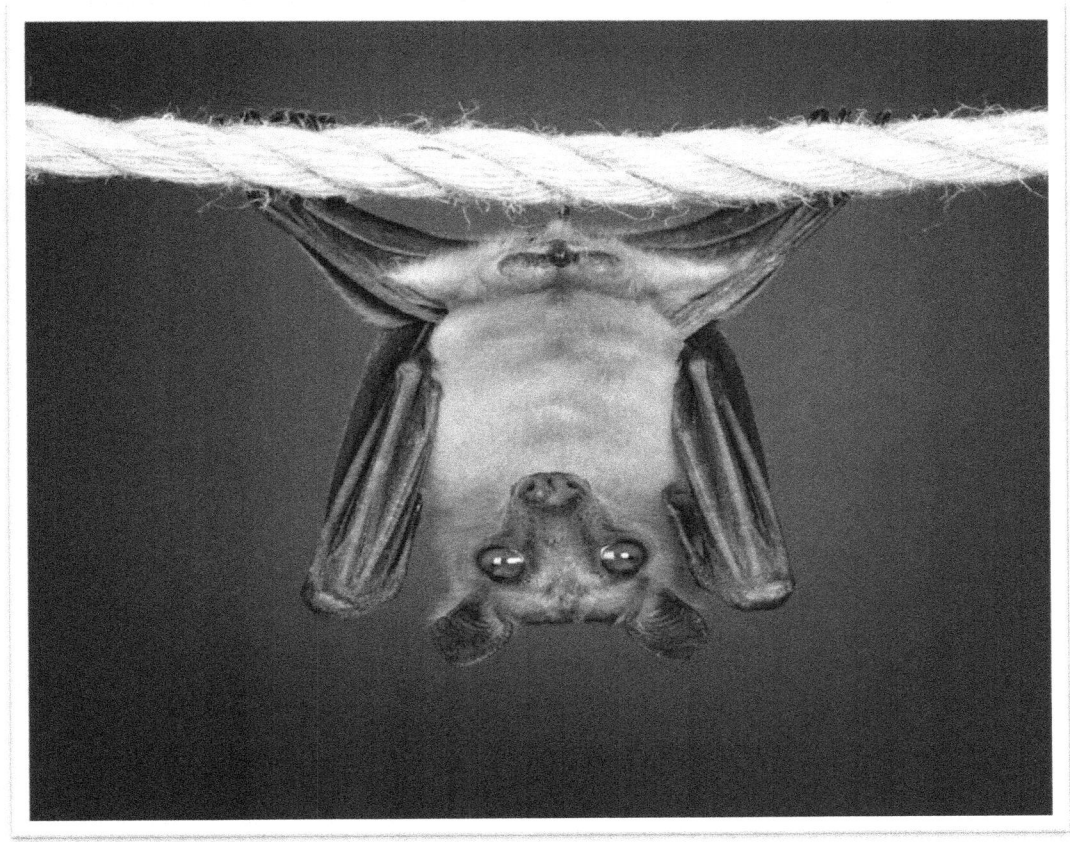

Les chauves-souris sont considérées comme l'un des plus grands groupes de mammifères existant aujourd'hui. Cela représente environ un cinquième de la population des mammifères. Les mammifères sont des animaux qui produisent du lait pour nourrir leurs petits.

Il existe environ mille deux cents espèces de chauves-souris dans le monde. Ce sont des animaux qui ont des poils et de la fourrure sur leur corps et leur cœur a quatre chambres. Ils ont aussi de petits visages.

Les chauves-souris au début

Ces animaux ont été fortement associés aux vampires au cours des premiers siècles. Les chauves-souris vampires ont été nommées d'après les vampires en raison de leur besoin de se nourrir de sang. Ils symbolisaient également l'obscurité et l'horreur.

Au début, seuls quelques faits étaient connus sur les chauves-souris. C'est la raison pour laquelle les gens les craignent.

Où vivent-ils ?

La maison d'une chauve-souris s'appelle un perchoir. Les chauves-souris se déplacent vers différents gîtes en fonction du changement de saison. Leurs gîtes diffèrent à chaque saison de l'année afin de répondre à leurs besoins.

Ils peuvent vivre dans n'importe quelle partie du monde sauf dans des endroits extrêmement froids car ils sont endothermiques. Cela signifie qu'ils maintiennent une température corporelle constante par tous les temps. S'ils restent dans un endroit froid, ils auront besoin de plus de nourriture pour rester au chaud et en vie.

Que mangent-ils ?

Les chauves-souris sont classées en deux en fonction de la nourriture qu'elles mangent. Ils peuvent être frugivores ou insectivores. Les frugivores sont des chauves-souris qui se nourrissent de fruits, de nectar et de pollen. Les insectivores mangent principalement des insectes.

Outre les insectes et les fruits, les chauves-souris mangent également d'autres animaux. Ils peuvent manger ceux qui sont plus petits qu'eux comme les grenouilles et les poissons. De plus, les chauves-souris vampires se nourrissent de sang.

À quoi ressemblent-ils ?

Les chauves-souris ont de longs doigts et leurs ailes ressemblent à une membrane tendue reliée à ces doigts. Leurs ailes ressemblent même à celles d'une main humaine. Ils ont également une tête et un dos poilus et un petit visage.

Ces animaux sont de tailles différentes. Le plus petit

mammifère est une chauve-souris appelée la chauve-souris à nez plat de Kitti. D'autre part, la plus grande chauve-souris est le renard volant géant à couronne dorée.

Quels sont les types de chauves-souris

Les chauves-souris sont généralement divisées en deux types. Un groupe s'appelle les microbats et l'autre s'appelle les mégabats.

Les microbats mangent des insectes, des poissons, des grenouilles, des petits mammifères et du sang. Ils utilisent l'écholocation pour naviguer et trouver des proies. L'écholocation est l'utilisation d'ondes sonores et d'échos pour trouver des objets. D'autre part, les mégabats mangent principalement des fruits et du nectar et ils voyagent grâce à leur sens de la vue.

Comment classons-nous leur sexe

Les chauves-souris femelles et mâles se comportent différemment. Les femelles ont tendance à rester dans leurs gîtes, elles s'y sentent bien. Les chauves-souris mâles peuvent rester et survivre n'importe où.

Comment s'accouplent-ils

Les chauves-souris mâles pratiquent la polygamie. Cela signifie qu'ils ont tendance à s'accoupler avec de nombreuses chauves-souris femelles. Avant l'accouplement, la chauve-souris mâle prépare souvent l'endroit où la chauve-souris femelle va mettre bas.

Cependant, certaines chauves-souris pratiquent la monogamie. Cela signifie qu'une femelle choisit un seul mâle pour s'accoupler. Cela se produit généralement pendant les saisons d'automne et d'été.

Comment appelle-t-on un bébé chauve-souris

Un bébé chauve-souris s'appelle un chiot. Comme une chauve-souris est un mammifère, ses bébés dépendent du lait de sa mère pour survivre. Il faut deux à six mois à la mère pour s'occuper du chiot.

Après ces quelques mois, le chiot apprend à voler. Pendant ses leçons de vol, le chiot s'accroche à sa mère avec ses dents pendant que la mère vole. Il faut trois à six mois au chiot pour apprendre à voler.

Comment se déplacent-ils ?

Les chauves-souris peuvent voler vite et se déplacer extrêmement bien dans différentes directions. Cela est dû à la conception unique de leurs ailes.

Les chauves-souris volent généralement la nuit. Lorsqu'ils volent pendant la journée, ils utilisent leur sens de la vue

Comment volent-ils

Les chauves-souris ont des ailes au design unique qui ressemblent à une main humaine reliée par la peau ou la membrane. Ce sont les seuls mammifères capables de voler. La plupart des mammifères ne peuvent planer que là où ils ne peuvent voler que sur de courtes distances.

Les chauves-souris ont tendance à digérer leur nourriture rapidement. Après cela, ils font caca au bout de trente minutes pour maintenir leur poids. Cela les aide à voler vite.

Comment se comportent-ils ?

Les chauves-souris dorment en se suspendant la tête en bas. Leurs pieds se serrent contre le plafond de leur perchoir pendant leur sommeil. Cela les aide à prendre de l'élan en volant, car tout ce qu'ils ont à faire est de desserrer les pieds du plafond et de voler lorsqu'ils se réveillent.

Les chauves-souris sont nocturnes. Cela signifie qu'ils dorment pendant la journée et restent éveillés la nuit. Ils chassent généralement pour se nourrir pendant la nuit car l'obscurité les aide à se cacher des autres animaux.

Quels avantages tirons-nous des chauves-souris

Les chauves-souris sont considérées comme des animaux effrayants, surtout si elles volent en groupe. Malgré cela, ils jouent un rôle important dans l'aide aux personnes et à l'environnement. Ils aident à attirer les touristes en raison de leur apparence unique. Certains pays asiatiques les considèrent également comme de la nourriture.

De plus, ils aident à répandre les graines des fruits

qu'ils mangent. Ils aident également à manger des insectes et des ravageurs qui nuisent aux plantes. Leurs excréments en mangeant tous ces aliments peuvent être transformés en engrais, en conservateurs . et poudre à canon.

Quelles sont les utilisations du caca de chauve-souris

Le caca de chauve-souris est appelé guano. Cela se trouve souvent dans les grottes où vit la chauve-souris.

Le caca d'une chauve-souris est composé de potassium et de nitrate. Cela en fait un bon ingrédient pour fabriquer des explosifs et de la poudre à canon. Il peut également être utilisé pour conserver les fossiles et fertiliser les plantes.

Comment aidons-nous à conserver les chauves-souris

La population de chauves-souris a diminué au fil des ans. Ceci est causé par la chasse illégale et différentes maladies. En conséquence, beaucoup d'efforts sont exercés pour leur conservation.

Ils donnent aux humains des avantages indispensables que les autres animaux ne peuvent pas. Cependant, ils sont également fortement affectés par le changement climatique. Il est du devoir de la population humaine de commencer à prendre soin de la terre afin de prendre soin des êtres vivants qui s'y trouvent, y compris les chauves-souris.

Lightning Source UK Ltd.
Milton Keynes UK
UKHW052321050123
414830UK00019B/826

9 798357 183224